Janus Kodal

ingentings mestre

masters of nothing

translated from the Danish by
Susanne Jorn

SPUYTEN DUYVIL
New York City

Special thanks to The Danish Arts Foundation for financial
support towards the translation and publication of this book.

Danish Arts
Foundation

cover art/t thilleman

et ansigt   fortoner sig   i bølgerne
det forsvinder   i sandet
det lægger sig   uordentligt   til rette
opløses   i øjnene

et gennemsigtigt   mønster
er tilbage   en irislarve   med retning
mod øjet   først ses den   så gnaver den
hul   igennem   det er   sommer

her danser   mindst to   mønstre
for lukkede   øjne
solen   blodstyrt   det er en lavine
erindringer   liv   det er en tue   af gran

fletstolen gemmer   et aftryk   en tråd
fra en sommerkjole   her hvilede
benenes parallelle   bronze

husker   mindst to   livshistorier
holdt sammen   af mønstret
i sandet   spredt over   havet

solen   rækker af lysprikker   over havet
det skal   forsvinde   under
havet   ikke et menneske   kan ånde
under havet   det skal   forsvinde

a face   looms   in the waves
it disappears   in the sand
it lies down   disorderly   adjusted
is dissolved   in the eyes

   a transparent   pattern
is left   an iris larva   directed
towards the eye   first it is seen   then it gnaws
a hole   through   it is   summer

   here dance   at least two   patterns
for   closed eyes
sun   violent hemorrhage   it is an avalanche
memories   lives   it is   a mound   of pine

   the wicker chair   hides   an imprint   a thread
from   a summer dress   here rested
the legs' parallel   bronze

   remember   at least two   life stories
kept together   by the pattern
in sand   spread over   the sea

   the sun   rows of luminous points   over the sea
it shall   disappear   under
the sea   not one person   can breathe
under the sea   it shall   disappear

det skal   dukke op
det vil   ikke dø   i vandet   et ansigt
bevæger læberne   parallelle   striber
lysende sæd   gennem kaskader
et skib   ufærdigt ansigt   som sejl
vinden hyler   i hullerne

it shall   turn up
it will   not die   in the water   a face
moves the lips   parallel   stripes
shining semen   through cascades
a ship   unfinished face   like sails
wind   howls   in the holes

én skal fødes to skal dø
mønster samles blive tid
sten slibes bækkens bund ændre form
ansigt kysses svinde hen
én er født to er døde
mangler stemmer synker ned
løfter sten finder mand
løfter sten finder kvinde
griber deres genitalier
fører dem rytmisk sammen
sæden rammer dybt
gamle æg blusser op
laksen sidder fast på lystren
is hvor kødet er ramt
én er født to er døde
mønstre samles bliver tid

one   shall be born   two   shall die
pattern gathered   becomes time
stones polished   the brook's bed   changes form
face kissed   fades away
one   is born   two   are dead
lack voices   sink down
lift stones   find man
lift stones   find woman
grip their   genitals
lead them   rhythmically   together
the semen hits   deep
old eggs   flare up
the salmon   stuck   on the spear
ice   where the meat   is hit
one   is born   two   are dead
patterns gathered   become   time

bundgarnspælene   døde stammer   rager op
over havet   månen lysende   orange æg
får dem   til at leve   i bølgerne   ansigter
i bølgerne   flydende   af salt

the fishing stakes   dead trunks   rise up
over the sea   the moon shining   orange egg
makes them   live   in the waves   faces
in the waves   floating   of salt

bløde sten   vinden trækker
sand gennem dem   sidder der
nogen   i stenene   vil
nogen ud   for at gå
mellem søjlerne

soft stones   the wind runs
sand through them   is anyone
sitting   in the stones   does anyone
want out   to walk
between the columns

hvert tryk   vasket
af bølgerne   væk   sten lagt
til tørre   i hybnernes gryder

løfter armen   så brystet
bliver   en pude   hvor
nogen   kan hvile

every pressure   washed
by waves   away   stones put
to dry   in the rose hips'   pots

lift   the arm   so the chest
becomes   a pillow   where
someone   can rest

hvis her   er nogen

if someone   is here

september   lys   hvor kærlighed
opløses   tjørnens skyggelag   kommer
til syne

stilhed   under tjørnens
visir   ingen vækst   den sidste
dag   i september

lyset   det skal   forsvinde
lugt til   jord   dampet mørke
et ansigt   det   er smeltet ned
maske   sover   på kraniet

september   light   where love
is dissolved   the hawthorn's shadow layers   become
visible

   silence   under the hawthorn's
visor   no growth   the last
day   in september

   the light   it shall   disappear
smell   earth   steamed darkness
a face   it   is melted down
mask   sleeps   on the skull

mens du ældes
 blafrer flammernes
  små snakkende ansigter
   i vindueskarmene
    himlen bevæges af vinden vestover
    hvor solen knejser i decembergult
   og en flok fugle
  passerer som over et lærred
mens du ældes
 rejser dagene i dit liv
  en mægtig graf mod himlen
   og det mørke stjernerne skjuler
    skal ikke ses af nogen
    førhen lå kærligheden foran dig
   en lysende by
  men nu er du selv i byen
mens du ældes
 venter biler i køer ved trafiklysene
  biografernes tusind blå tusind rød tusind
   new york paris tokyo
    alt er virkelig til på én gang
   du er også intet
  ingenting kan hjælpe dig
 et skum af sørgelige rester skylles
mens du ældes
 af havet gennem kanalerne
  to fakler brænder i en port
   en for din død en for kremation
    som en flamme våger du
   over en væge
  lidenskabelige unge tings

while you age
 the flames' small
  chatting faces flap
   in windowsills
    the sky is moved westward by the wind
    where the sun towers in december yellow
   and a flock of birds
 passes as if across a canvas
while you age
 days in your life rise
  a huge graph against the sky
   and what dark stars hide
    shall not be seen by anyone
    earlier love lay ahead of you
  a shining city
but now you´re in the city yourself
while you age
 cars wait in lines at traffic lights
  the movie theaters' thousand blue thousand red thousand
   new york paris tokyo
    all is really present at once
   you are also nothing
  nothing can help you
 a scum of sad remains is washed
while you age
 by the sea through the canals
  two torches burn in a gateway
   one for your death one for cremation
    like a flame you watch
    over a wick
   passionate young things'

dansende mønstre af prikker
mens du ældes
fænger en gnist i løvet
tørre blade bevæges af vinden
i en centrifuge der ikke standser
flokke af fugle løsner
deres kløer fra træerne
og trækker langs kysten sydover
deres liv er så meget kortere end dit

dancing patterns of luminous points
while you age
a spark ignites in the foliage
dry leaves are moved by the wind
in a centrifuge which does not stop
flocks of birds loosen
their claws from the trees
and migrate southward along the coast
their lives are so much shorter than yours

en flok   fugle   cirka
halvdelen døde   cirka halvdelen
pikkende   huller   i sandet

sivene   gravenes   vilde hår
kæmmet af vinden   opskyllede guirlander
tang   på kysten   laksen udgydt   strandet

    a flock   of birds   around
half dead   around half
pecking   holes   in the sand

    the reeds   wild hair   of the graves
combed by wind   washed up festoons
seaweed   on the coast   the salmon spent   stranded

kommer   mennesker   oprejste søjler
til en   døende verden

do humans   upright columns
come   to a   dying world

havet   vredet bly   presser
mod   nærmest ingen   strand
nærmest intet   lys

vinden   river bølger   af havet
løfter bølger   lyd   et
skib   op på sandet

fnug   ansigter   flyver
fra det

   the sea   wrung out lead   presses
against   almost no   beach
almost no   light

   the wind   tears waves   off the sea
lifts waves   sound   a
ship   up on the sand

   flakes   faces   fly
from it

efter havstorm   et mønster
af sten   på stranden

hvor træder   trækkene
skåret frem   hvornår klækkes de
i hele   horisonten

hvilke er   på vej   ansigter
de skal   bryde frem

hvilke er   forsteninger
ansigter   af dem
som forsvinder   og ikke er
nået bort

after sea storm   a pattern
of stones   on the beach

where do   features   step
cut forth   when do they hatch
in the whole   horizon

which ones are   on the way   faces
they shall   break forth

which ones are   fossils
faces   of those
who disappear   and have not
made it   away

en kugle   af søgelys
over havet   hvor de tager
af sted

a bullet   of searchlight
over the sea   where they
take off

kommer de   nogen steder fra
de svæver på søjlerne   de bliver
bløde af ælde   før de   forsvinder

bliver de   til   mellem hinanden
forgrener de sig   eller
kommer de   nogen steder fra

de rører hinanden   før
de forsvinder   ingentings mestre
de forsvinder

do they come   from anywhere
they glide on the columns   they turn
soft with age   before they   disappear

   do they come into   being   between each other
do they branch off   or
do they come   from anywhere

   they touch each other   before
they disappear   masters of nothing
they disappear

er de   i en anden strøm
er de   sten   vandet flyder
henover   og sliber

are they   in another stream
are they   stones   the water floats
across   and polish

gyldent træ   vind   træerne elsker med
befrugter krattet   lader det sove
parallelle eller   blade   halvt
formuldede   ansigter   flygtende
gennem øjet   fortællinger
ældende sig   i liv   forbundne mæandre
dækket af jord

rodnettet   skruet op   gennem bunden
linedansertråde   for fødderne
her forsvinder de   ned   i jorden
ormenes gange   betragtet gennem   glas
et ansigt   udvisket   fjernt
dækket   af ormenes   tilfældige mønstre

mindst to   parallelle tråde   gennem kraniet
mareridt   vandrer ind   defekte linedansere
silende fletninger   regn   gennem jorden
graver sten   op   de skifter   farve
øjenvipper   presset mod   transparent   død krystal
et akvarium   stillet ind   i erindringen

golden tree   wind   the trees make love with
fertilizes the scrub   lets it sleep
parallel or   leaves   half
crumbled   faces   escaping
through the eye   stories
aging themselves   in lives   connected meanders
covered by earth

the roots   unscrewed   through the bottom
tightropes   for the feet
here they disappear   down   in the earth
passages of the worms   seen through   glass
a face   blurred   distantly
covered   by the worms   of casual patterns

at least two   parallel threads   through the skull
nightmares   wander in   defective tightrope walkers
pouring braids   rain   through the earth
dig   stones   up   they change   color
eyelashes   pressed against   transparent   dead crystal
an aquarium   placed   in   memory

hvad er de   i jorden
på vej   er de kun
levende   når noget
flytter dem

hele jorden   spirende
vred   regn   hamrende ned

hvad er de   hvad er de
levende   ensomhed

gamle sten   nu sat i gang
jorden   vælder frem   i alt
kværn

what are they   in the earth
on the way   are they   only
living   when something
moves them

the whole earth   sprouting
angry   rain   hammering down

what are they   what are they
living   loneliness

old stones   now set in motion
the earth   wells forth   in all
churn

mens du ældes
 bliver væggene bløde
  gardiner der blafrer i vinden
   dit ansigt slibes tyndt
    det du opdager ved andre
    sker snart med dig selv
   gennem markeders tydelige bål
 leder du dig ind i en evighed
mens du ældes
 kaster du et flydende anker
  hvor trafikken bliver tynd
   det du ikke griber
    glider bort i en anden strøm
    snart er dit ansigt sand i en bunke
   snart blæser sandet ud over havet
 og lægger sig uden sammenhæng
mens du ældes
 frygter du ikke din egen død
  den er noget indeni som lever selv
   og vokser sig større
    indtil den fylder dig helt
    forskellen mellem levende og døde
   er lille og holder ikke længe
 trapperne skyller
mens du ældes
 ned over dig i byerne
  badende hav af lys
   flammende kinder kommer til syne
    fornemmelse af tiden indenunder
    en udtørret flodseng med enkelte bål
   klynger af ansigter omkring

while you age
 walls soften
  curtains flap in the wind
   your face is polished thin
    what you discover about others
    happens soon to you
   through markets´ clear fires
 you lead yourself into an eternity
while you age
 you drop a fluid anchor
  where traffic gets thin
   what you do not grip
    slides away in another stream
   soon your face is sand in a pile
  soon sand blows out over the sea
 settling   without   cohesion
while you age
 you don't fear your own death
  it´s something inside living by itself
   growing bigger
    until it fills you completely
    the difference between the living and the dead
   is small and doesn't keep long
  the stairs wash
while you age
 down over you in cities
  bathing sea of light
   flaming cheeks become visible
    sense of time underneath
    a dried up riverbed with a few fires
   groups of faces around

hvad bliver det næste
mens du ældes
brænder rødderne op
i dine fodspor
små flammer sætter sig fast
på alt du rører
du vil filtrere ilden
tror du virkelig det er nok
du skal skrues ned gennem dig selv

what is next
while you age
roots burn up
in your footsteps
small flames stick
on all you touch
you want to filter fire
do you really think that´s enough
you shall be screwed into yourself

der går   nogen   stille
deres trin   mod de   våde sten
de forsvinder   ind   i grunden
skrænten   havet   skummer mod

there are some   walking   silently
their steps   against   the wet stones
they disappear   into   the ground
the cliff   the sea   foams against

ensomme   ind under
spredte   lyspletter   videre
før lyset   forsvinder   før det
forsvinder   luften   fyldes
af de døde

lonesome   in under
spread   luminous spots   extended
before light   disappears   before it
disappears   the air   is filled
by the dead

under buerne   søjler
de holder   jorden oppe

nogen går   oppe i lagene
i det grenede   fletværk   rører
de hinanden   nogen

under the arches   columns
they hold   the earth up

someone   up in the layers
in the branchy   basketwork   they
touch each other   someone

de dukker op   blandt tuers
hår   ansigter   tørrende ud
skåret i sten   tørrende lys

løfter ansigt   finder maske
løfter maske   finder sten
jord   rødder   holder   fast   om den

they turn up   among mounds
of hair   faces   drying out
cut in stone   drying light

lift face   find mask
lift mask   find stone
soil   roots   hold   onto   it

sten   åbnet   gror
i jorden   rødder
forbundne mæandre   afdækket

parallelle   striber
rør   ned   gennem
jorden   hulsten
ansigter   skåret ud
jorden gror   i hullerne

stones   opened   grow
in the earth   roots
connected meanders   uncovered

   parallel   stripes
reeds   down   through
the earth   hollow blocks
faces   cut out
earth grows   in the holes

mens du ældes

tager du sten op i hånden

du siger dig selv

det har ikke føltes sådan før

selv om det ofte er sket før

klæder af sand

fyger bort fra dit ansigt

og lægger sig i jordens riller

mens du ældes

bryder forulykkede

transporter i brand

der er nogen tilbage

for dig at elske

deres ansigter flakker

i skæret fra faklerne

de efterlader en kort sitren i dig

mens du ældes

glider skinnede boulevarder forbi

stykke for stykke

klædes du af

til du mærker

vandet mod huden

den lysende kølige luft

skyller gennem dit system

mens du ældes

æder dine ord papiret

det forsvinder i flammer

fornemmelse spildt tilbage

ensomhed eftertrykkelig

en udstrukket skumringsstemning

stille stigende lys fra havet

while you age
 you pick up stones in the hand
  saying to yourself
   it has not felt like this before
    even though it has often happened before
   clothes of sand
  drift away from your face
 lying down in earth's tracks
while you age
 wrecked cargo
  burst into flames
   there is someone left
    for you to love
    their faces wander incomprehensibly
  in the flare from torches
 they leave a short quiver in you
while you age
 bright boulevards slide by
  piece by piece
   you get undressed
    until you feel
   water against skin
  the shining cool air
 washes through your system
while you age
 your words devour the paper
  it disappears like in flames
   sense spilt back
    loneliness emphatic
   an extended dusk atmosphere
  silent rising light from the sea

noget af det forsvinder
mens du ældes
og noget af det ikke
men mærkes af dem
der kommer efter dig
inden de lægges tilbage
hvor jorden strammer af frost
tidens væge klippet over
flammen dør ud

some of it disappears
while you age
and some of it doesn´t
but is felt by them
who come after you
before they are put back
where earth is tightened by frost
time's wick clipped
the flame dies out

de må   findes   på en måde
før de   bliver synlige
søjler   presset frem   mellem hinanden

de optager   sandet
de slipper   det   tilbage
når de   forsvinder

de må   findes   bløde sten
før de   kommer frem   af jorden

they must   exist   in a way
before they   become visible
columns   pressed forth   among each other

they take up   the sand
they   let it go   back
when they   disappear

they must   exist   soft stones
before they   come out   of the earth

kender de   til ro
brede striber   søjler
på vej

klæder   af sand
dækker deres   ansigter

lyset   det
forsvinder   rystende
imellem dem   kun lys
mellem dem   på vej

do they know   about tranquility
broad stripes   columns
on the way

clothes   of sand
cover their   faces

the light   it
disappears   shaking
between them   only light
between them   on the way

födested   sten vredet frem
langsomt   eksploderende   i jorden
lag   af ansigter   vredet frem

skygger   skyernes skygger
på jorden   horisonten
ingen vind   ingen synlig
bevægelse   stilhed

stille

birthplace   stones wrung forth
slowly   exploding   in the earth
layers   of faces   wrung forth

shadows   the clouds' shadows
on the earth   the horizon
no wind   no visible
movement   silence

silent

synets skrig

sight's   scream

her er   tomt
ud over   søjlerne   de
stemmer jorden   med deres sokler

smuldrende   ned
de stemmer   væk

here it is   empty
except for   the columns   they
tune the earth   with their bases

crumbling   down
they tune   away

mens du ældes
  glider stenene ud af dine hænder
   de ligger tilbage
    hvor de altid har ligget
     solen gløder himlen
     ude over vestkysten
    og minder dig om
  at du aldrig skal leve denne dag igen
mens du ældes
  er du i en fortryllet by
   der brænder under overfladen
    træerne flimrende levende i vinden
    stimer af fiskeblade
    dit endeligt hvisker til dig
   fra alle tings mund
  udmattet drivtømmer opskyllet liv
mens du ældes
  sletter brændingen dine spor
   tunge blanke dønninger
    glider op og vasker sandet med
    hvor var det du kom fra
    skiftende årer af mønstre
   danner sig i lukkede øjne
  før de skylles væk
mens du ældes
  går du hen og åbner en brønd
   hvor tusind fugle flagrer op
    lig ansigter der flyver
    bort på øjenvipperne
    det er en brønd i en by
    der ikke findes mere

while you age
 stones slide out of your hands
  they stay behind
   where they have always been
    the sun makes the sky glow
   over the west coast
  reminding you
 that you shall never live this day again
while you age
 you are in an enchanted city
  burning under the surface
   the trees flicker alive in the wind
    schools of fish leaves
   your end whispers to you
  from all things' mouth
 exhausted driftwood washed ashore lives
while you age
 the surf erases your steps
  heavy smooth swells
   slide up and wash the sand as well
    where was it you came from
   shifting veins of patterns
  form in closed eyes
 before they are washed away
while you age
 you go and open a well
  where a thousand birds flutter
   like faces flying
    away on eyelashes
   it's a well in a city
  which does not exist any more

så brøndes findes heller ikke mere
mens du ældes
kan du sige om byen
at den brændte
men nu er den virkelig forsvundet
uidentificerbare askeflager
hvor kommer de fra
hvor meget skal forsvinde
før du selv forsvinder

so the well does not exist any more either
while you age
you can say about the city
that it burned
but now it really has disappeared
unidentifiable ash flakes
where do they come from
how much shall disappear
before you yourself disappear

sand   hvor sætter   det sig fast
hvad kan det   sidde fast   i   sand

sand   where does   it stay firm
what can it   stay firm   in   sand

øjne   tyndt lukkede
huller   parallelle riller
furet ned

sandet   det sliber sig
i mønstre   det sliber
huden   tunge

det fyger   bort
de giver   ikke læ
ansigter   de lægger sig
ned   for at viskes   ud

ud   over havet

eyes   closed thin
holes   parallel tracks
furrowed down

the sand   it polishes itself
in patterns   it polishes
the skin   heavy

it drifts   away
they do not give shelter
faces   they lie
down   to get blotted out
out   over the sea

nærmest kommet   ud af stenene
ansigterne   de males   tilbage
til sand   der lægger sig
i spredte mønstre   over havet

ude hvor havet   har samme farve
som himlen   og imellem   hvis der
er   noget imellem   luften
uden vind   til at bære
dem videre

almost come   out of the stones
the faces   they are ground   back
to sand   lying down
in scattered patterns   over the sea

out where the sea   has the same color
as the sky   and between   if there
is   anything between   the air
without wind   to carry
them further

havet   det fylder grunden
spejlende   aldrig set i
hvor   det er   gennemsigtigt
når lyset   farer gennem

the sea   it fills the ground
mirroring   never looked in
where   it is transparent
when the light   flashes through

Janus Kodal, born 1968, was only 20 when he was accepted by the noted Copenhagen School of Creative Writing, at which time he moved to that city. At the age of 23 he published his first collection, *Antologi* (1991) with the renowned publishing house Gyldendal. Two years later he received a national grant to write his second book, the long poem *ingentings mestre (masters of nothing/nothing's masters)*, which has been described by some critics as the first major work of young Danish poetry. During the mid-1990s Kodal widened his knowledge of world literature through his editing of Copenhagen-based magazines Banana Split and The Blue Gate. He was responsible for the presentation of an array of voices in Copenhagen, including Gennadi Aygi, John Ashbery, Andrej Bitov, Haraldo de Campos, Michael Palmer, and Rosmarie Waldrop.

SELECTED PUBLICATIONS

Saks, digte, 2024

Fork, digte, 2022

Undskyld, digte, 2017

Eksil, digte, 2016

Sort/Hvid +, digte, 2012

Schnelltrocknende Fluid Aktion, digte, 2011

Sabotage V-VIII, digte, 2011

Sabotage, digte, 2010

Hovedbanen og andre impulskøb, digte, 2008

Seks suiter, digte, 2004

Picasso & Cronhammar, digte, 2002

I provinsen, digte, 2001

Fyrsten Zibebes bekendelse, digte, 1998

ingentings mestre, digt, 1994

Antologi, digte, 1991

Susanne Jorn is a fiction writer and literary translator. She has a masters in sinology, a masters in American literature and a Comprehensives for a Ph.D. in Comparative Literature.

The same year as her debut in the Danish poetry magazine Hvedekorn (1970) and while she was in Japan on a Monbusho grant (1969-1971), Susanne's debut poetry collection, *the splinters*, was released in Denmark. In 1971, she moved to the United States and has since travelled to Japan many times.

She wrote under her mother Kirsten Lyngborg's name until 1988 and has since used her father Asger Jorn's name, starting with the publication of her fairy tale collection *The Dancing Donkey*.

Her work is heavily inspired by Chinese and Japanese poetry traditions and her many years in the US and Japan. The influence from visual art is significant, especially in her use of color.

Many of her books are illustrated by visual artists such as Pierre Alechinsky, Carl-Henning Pedersen, Asger Jorn, Yasse Tabuchi, Yoshio Nakajima, Gao Xingjian and Jytte Rex.

Conversely, Susanne has written poems and fairy tales to the work of visual artists. The latest example of this is *The Bird in the Forest* from 2014, featuring 53 poems and fairy tales for work by 26 artists from the Museum Jorn Collection.

In *Passion Cycle* she wrote linked poetry (renshi) with Japanese poet Hajime Kijima.

As a literary translator Susanne Jorn only translates poems. Mainly Susanne Jorn has translated poems from the Chinese and the Japanese such as Yang Lian, Hanshan, Shuntaro Tanikawa and Kazuko Shiraishi.

But she has also translated Danish poets into English like Peter Laugesen, Maj-Britt Willumsen, Naja Marie Aidt and Helle Nyberg: In 2000 Peter Laugesen's *Teach Me Star of Night! / Lær mig nattens stjerne!* was published as an artist book at The Bird Press with eight etchings by Thorsten Dennerline. Three of Maj-Britt Willumsen's poems appeared in American Poetry Review Vol. 20/no.1, 1991. Six poems from Naja Marie Aidt's *The House Across* (*Huset overfor*, 1996) appeared in Prairie Schooner Number 3, Fall 2000. And one longpoem by Helle Nyberg appeared in American Poetry Review Vol.34/n.2, 2005.

In 2018, Susanne was the recipient of The Drachmann Award.

Her works are translated into eight languages, July 5th 2022 being the latest publication of the poetry collection *Andalusiske øjebliksbilleder i november / Andalusian Snapshots in November* in David McDuff's translation at Spuyten Duyvil in NYC, USA.

After moving to Copenhagen, Denmark in 2000 and while continuing to write and translate poetry, Susanne has worked with a series of Scandinavian composers and musicians. Since 2009, she has performed live with Celtic harp player Helen Davies while reading a selection of poems and fairy tales.

susannejorn.dk